OHSAMA BUNKO

AB型
「本当の自分」がわかる本

長田時彦

JN264362

三笠書房

本書の「使い方」

まずは、次の10の項目で、自分に当てはまると思うものをチェックしてみてください。

- □「人間観察」をするのが好き
- □にぎやかな飲み会で、ふとみんなと距離を置く瞬間が
- □実は「甘えん坊」な一面がある
- □「包容力のある人」「筋が通っている人」が好み
- □たまに、すべてのしがらみから解き放たれて自由になりたくなる
- □何かにハマるときは、とことんまでハマる
- □考え抜いた末に「180度違う方向」に転換することも

□理不尽なお願いごとは、容赦なく断る
□自分がやってきた「努力」は、できれば隠しておきたい……
□トラブルが発生したときは、周りに放っておいてもらいたい

……あなたはいくつ、当てはまりましたか？


「なぜか周りの人と距離をおいて、冷静に見て（観察して）しまう」——そんな自分に気づいている AB 型の人も多いと思います。

でも、周囲の人たちのほうは、あなたが思っているより、もっと距離を感じているかもしれません。

AB 型に対する「二重人格」とか「変わり者」などという片寄ったイメージ（勝手な先入観だし、誤解です！）が、その原因として考えられますが、

そればかりでもないようです。

AB型の人の「心の中」は、本人以外にはわかりにくく、わからないがために「距離」をさらに感じやすくなっているのです。

なぜ、心の中がわかりにくいのか？　これは、あなたの「本当の姿」を知る上で、とても大事なことです。

AB型は、〝緊張が緩んだ状態〟では感覚的にものごとを捉えるA型の思考パターンが優先し、逆に〝緊張している状態〟では、論理的傾向が強いB型の思考パターンが優先する傾向があります。

AB型の人は、このスイッチを無意識のうちに切り替えているようです。

しかし、「思考パターンの切り替え」はごく自然に行なわれ、気づく人も少ない。これが、〝意見がコロコロ変わる〟ように見えるので、「二重人格」という評価をいただいてしまうわけです。また、周りの人の印象に残るのは、この「切り替え」だけではありません。

AB型固有の「客観的な思考」も、相手に与える影響が強く、これが曲解されて「変わり者」と思われてしまう。

AB型は行き詰まった時に180度の方向転換を図る「パラドックス型思考パターン」を持っています。

「客観的」思考の傾向が強いAB型は、執着心が薄く、今までの努力も省《かえり》みることなく方向転換ができるのです。**まさに、〝離れ業《わざ》〟**。

AB型の人のだいたいの言動、考え方は、この思考パターンで面白いように説明できてしまうほどです。

とはいえ言葉を換えれば、AB型の特徴は**「発想の転換力に優れている」**と言うこともできる。AB型には、まだ語られることの少ない魅力がたくさん埋まっているのです。

「変わっている」のでも、「気分屋」というわけでもありません。たまたま日本にいるAB型の人が少ない（人口の10％程度）から、出会う機会が少ない……だから、ちょっと「特異」に見えるだけですよ……きっと。もっともっと、フレンドリーに接すれば、違う一面も見えてくるはず！

本書では、こうしたAB型の特色を、わかりやすくエピソードを絡めて紹介。新しいAB型像を発見してください！

長田時彦

もくじ

本書の「使い方」 3

1

【AB型の「頭の中」】

なんでこんな「考え方」をするの？

「AB型は二重人格」の真相は？ 20
変わるのは「人格」でなく、「考え方」 21
こだわるけど、執着はしない（恋愛も） 22

考えれば考えるほど、「目標」が高くなる 23
挫折は多い、なぜなら「妥協」しないから 24
「お願いだから……縛るのはやめて」 25
たまに「すべてから解き放たれ」たくなる 26
「オン」と「オフ」、このすごいギャップ! 27
「理屈」を超越したモノに、興味津々 28
「細かいところ」にうるさい 29
「細やかさ」も、ほどほどにしないと…… 30
静かな炎を、心の中で、メラメラ 31
のめり込むときは一人集中型 32
〝なあなあ〟の付き合いはしない 34
好きなタイプは「包容力のある人」 35

「集団の中の一員」は、ちょっと苦手 36
行動するには「理由」が必要 37
AB型がキレる理由 38
親しき仲にも、「距離感」あり 39
隠れ「甘えん坊」 40
やはりバランス感覚は抜群 41
安請け合いはしない。キッパリ断る 42
「人間観察」「人間分析」が好き 44
矛盾・理不尽は許せません! 45
人付き合いは「サラッ!」と 46

2

【AB型の「行動パターン」】

やっぱりAB型だね……！と言われる理由

クールだと思われるのは、なぜ？ 50
「付かず離れず」がモットー 51
ときには「180度のスピンターン」も 52
服には「自分なりのスタイル」がある 54
公私混同？　あり得ません 55
部屋をスッキリさせるのは得意 56
「なんとなく」では納得できない 57
何かにハマると、とことん 58

仕事とプライベートはキッチリ分ける 59
「みんなでワイワイ」正直苦手 60
尋問しているわけではありませんが…… 62
行動する前に、まず考える 63
「冷たい」と誤解される原因 64
「なんとなく」で行動する人が許せない 65
「原因」さえわかれば、不安なことはない 67
一度ヤル気になれば、こっちのもの 68
「気まぐれ」と思われるにも、理由がある 69
テンションが上がるとき、下がるとき 70
「先入観」は持たないのがポリシー 71
ヨイショされると……ちょっとうれしい(照) 72

なんで、そんなに〝冷静〟になれる? 74
よく「天才肌」に見られるけど……? 75
本質をズバリ突く! でも、突きすぎるあまり…… 77
A型とB型に譲ってもらった集中力 78

3 【AB型の「成功法則」】
あなたの「うまくいく生き方」がある!

(とくに)AB型の人へのメッセージ 82

AB型の成功法則
1 その「あきらめ」は早すぎませんか? 83
2 なんでも「人並み以上」。足りないのは…… 84

3 結論を出す前に、もう一考 86
4 もっと「表情豊か」に! 87
5 「くだらない冗談」の意外な効果 88
6 言葉は「シンプルに」がポイント 90
7 目標達成までは段階を踏んで、一歩ずつ 91
8 自分を見失うと大変なことに…… 93
9 突然キレたら、必ずフォローを…… 94
10 「鈍感力」も鍛えてみましょう 95
11 「段取り力」を、もっと活かすには? 97
12 「野心」を持ったAB型もステキですよ! 98
13 その「努力」、もっとアピールしてよし! 100
14 AB型にとっておきの「不安克服法」 101

15 たまに「情に流されてみる」 103
16 ここぞというときは、あえて一歩前に出よう 104
17 ときには周りと「歩調を合わせる」 105

4

【AB型の「主張」】

AB型といい関係をつくるための「取扱説明書」

（とくに）AB型以外の人へのメッセージ 110
こんなときは、放っておいてください 111
「理由」のある「意見」なら聞きます 112
仕事を依頼するときは、丸ごと任せてください 114

AB型が唯一、従順に従う人のタイプは? 115
思いつきではありません。理由があるんです 116
ちゃんと楽しんでますよ、顔に出ないけど 117
束縛しない、指図しない、干渉しない 118
「やめる」と決めたら、すっぱり「やめる」 120
弱気のときは、軽く声をかけてください 121
「リーダー」向きではありません、決して 122
むしろ「アドバイザー」なら向いてるかな 123
それはいつも突然やってくる…… 124
もの怖《お》じはしない。失敗も堂々と! 125
この「負けん気」を上手に使うには 126
超気配りの人。相手はちょっと選ぶけど…… 128

「私情」をはさまない、このストイックさ！ 129
「バランス」を取りながら、成功をつかみます 130

本文イラスト／野村俊夫

1

【AB型の「頭の中」】

なんでこんな「考え方」をするの？

純「理論」派

「AB型は二重人格」の真相は？

「AB型」＝「二重人格」って思われると、ちょっと悲しい。

相手によってコロコロ態度を変えたりなんかしないし、人格が変わるなんてこともない。

人とコミュニケーションを取るときは、どちらかといえばアップダウンなし。極端にテンションが上がったり下がったりすることはないはず……。

二重人格に見えるのは、単なる誤解ですよ〜。

ちなみにですが、**「何考えてるのか、よくわからない」**と言われることは確かに多い。

……それについては、自覚しています。

変わるのは「人格」でなく、「考え方」

突然ガラッと変わる部分があるとすれば、「モノの考え方」かな？
「明日は絶対に中華を食べよう」と思って、一緒に食べにいく人にも打診しておいたのに、ふと寝る前に、「中華はハードかも」とか思って……。

「考え方」、取り替え中

翌日、「今日はお寿司に変更！」ってなることは、確かにありますね。

こだわるけど、執着はしない（恋愛も）

こだわりは、あります。

たとえば車を買うんだったら、性能だけには徹底的にこだわる、とか。

パンフレットや専門誌は熟読ですね。

でも、買った後、車自体に**執着することはない**。車は「道具」だと思っているので、大切にするけど、ピカピカに磨いて眺めるだけとか、車内をコッテリ飾り付けるなんて趣味はないです。

ん？　これって……恋愛観にも当てはまるかも。

考えれば考えるほど、「目標」が高くなる

理想は高いです。

「大体こんな感じでいいかな……」

という、**半端な目標では我慢できない。**

高ければ、高いほどいい？

たとえばの話、「東京タワーの見えるマンションに住みたい」という理想があるとしたら、遠くのほうに米粒みたいな東京タワーとか、建物の隙間からチラッとしか見えないのでは、許せない。

リビングからドーンと東京タワーが見えるマンションを意地でも手に入れます（希望）。

実現するかどうかは別として、仕事でも恋愛でも**妥協はしたくない**です。

挫折は多い、なぜなら「妥協」しないから

だから挫折も多いです。

憧れの相手に果敢に告白して、撃沈。

超人気企業の採用面接を受けて、撃沈。

かなり「痛い」経験もしてるけど、**「とりあえず」で手を打つのはイヤ**。

恋人が欲しいから、自分を好いてくれる相手ととりあえず付き合うとか、入れそうな企業にとりあえず落ち着くとか、考えられない。

なので、挫折するのはイヤだけど、そう思うと「苦」ではないです。

「お願いだから……縛るのはやめて」

束縛されるのって、何よりもイヤ。

恋人から、「記念日忘れないでね」とか、「もっと服はカジュアルにしなよ」とか言われたら、極端な話、その時点で別れを切り出したくなる……

っていうくらい、**束縛（指示？）されたくない**。

仕事でも、「5時までに上げて」「この報告書みたいな感じにまとめて」などと枠を作られると、ちょっとヤル気が低下します。

たまに「すべてから解き放たれ」たくなる

ときどき一人で、ふらっと遠くへ行きたくなる。

何が何でも行きたい、ってほど強い欲求ではないんだけど、なんとなく日常から解放されたいっていうか、**自由になって飛んでいきたい……**。

家族や恋人、親友とも、ふっと距離を置きたくなることが。人間関係に振り回されてると、自分を見失いそうだから（って、カッコよすぎ？）。

「オン」と「オフ」、このすごいギャップ！

体の中に、「オン」「オフ」の切り替えスイッチが内蔵されています。

といっても、そのスイッチを上手に切り替えて、効率的（？）な生活を送っている！　というわけではありませんが……要は、**緊張状態と、緊張**

その“自由さ”に憧れる

が緩んだ状態のギャップが激しいということかな……。

スイッチが入ると、仕事も恋も積極的に。アドレナリン出まくりで、服もビシッと決めて、残業も任せてってノリになる。

でも、スイッチがオフになると、一気に緊張感がなくなってグダグダ。ジャージ姿でゴロゴロしながら、お菓子バリバリ食べて、テレビを観ながら居眠り。に、幸せを感じる……決して、二重人格ではありませんよ？ 人格は一つだけど、メリハリが利いているだけです！

「理屈」を超越したモノに、興味津々

自分は理論派でも（だからこそ？）、理屈で説明できないものに出会う

と惹《ひ》かれてしまいます。

心霊現象とか、精神世界《スピリチュアル》とか、未確認飛行物体とか……興味はあり。

まったくの絵空事じゃなくて、そのうちどこかの科学者が、存在を解明しそうじゃないですか……自分は「そのとき」を真剣に待っています。

「細かいところ」にうるさい

服のデザインがオシャレでも、縫製が雑だったり、生地《きじ》が安っぽいと満足できない……だけならいいんだけど、自分はさらに**裏地にもこだわる。**

場合によっては、裏地が気に入っただけで「お買い上げ！」みたいなこともあるかも。

人の〝品定め〟も似たような感覚で、「パッと見、いい人そう」ってだけでお友だちになることはありません。ちょっと細かいところまで見る。

“品質”カクニン中

「細やかさ」も、ほどほどにしないと……

「繊細」の進化形といいますか……正直、「神経質」な面もありますよね。

窓ガラスをピカピカに磨いたところで、無神経な人に指紋を付けられたりなんかしたら、もう……「今、指紋付いたよ」と、本人にちゃんと言うので「神経質なやつ」というレッテルを貼られてしまいがち。

別にいいけど。って、そこで突き放しちゃうから、神経質な上に「とっつきにくい人」になっちゃうんですよね。

でも、**思ったことをストレートに言うのは、悪いことじゃない**と思う。

たぶん。

静かな炎を、心の中で、メラメラ

「クール」なイメージが強いかもしれませんが、実は熱くなるタイプ。

ただ、徐々に徐々にボルテージが上がっていくので、周りには気付かれにくい。イメージとしては、焚《た》き火《び》の炎というより、ガスの青い炎。**「静かに燃えていますが、実はかなり高温です」**、ということ。

たとえばテニスにハマって、自分ではすっごくのめり込んでいて、密かに大会で好成績をと考えているのに、なぜか淡々とやってるように見られる。試合で負けても地団駄踏んだりしないので、「のめり込まない性格で、うらやましいよ」とか勝手に言われます。

癪《しゃく》だけど、だからって悔しがるパフォーマンスもできない。損な性格？

のめり込むときは一人集中型

そんなわけで、のめり込むときは、みんなと一緒じゃなくて自分一人でのめり込みます。音楽でもスポーツでも、仕事でも恋愛でも。

うーん、これってもしかして世間で言う「オタク」？　いやいや、そこまで周りが見えなくなることは……。とはいえ周りの人も、**「のめり込んでいる」ことにすら気付いてくれない**。

やっぱり「一人」がいい?

〝なあなあ〟の付き合いはしない

同窓会のハガキが来たら、懐かしいし参加はする。

でも、「二次会カラオケね」って言われたとき、カラオケが好きじゃなかったら、あっさり参加はしません。

「まあいいじゃん、歌わなきゃいいんだし～」と誘われても、聴くだけでもイヤだからきっぱり断る。

「流れで、なんとなくズルズル」はしない。

再会した友だちともっと話したいなと思ったら、後日ゆっくり飲みに行けばいいんだし、とりあえず今日は帰りますね～。

好きなタイプは「包容力のある人」

彼女（彼）に求めるのは、ズバリ「包容力」。〝束縛〟はイヤだけど、〝包容〟はOK。微妙で難しいラインかもしれないけど、そのギリギリのポイントをうまく突いてください……。

「包容」は○、「束縛」は×

多少のことは大目に見てくれる、**大人な人が好き**。「何回もメールしたのに、なんで返事くれなかったの？」とか言われると、それだけでイヤ。1年くらい海外に行くけどって伝えても、「待ってるから、気を付けて」ってサラリと受け入れてくれる、そんな人が理想かな。

「集団の中の一員」は、ちょっと苦手

自分勝手な行動はとらないけど、言いたいことをキッチリ言うので、**ちょっと人から距離を置かれる**ことが。しかも、自覚あり。

みんなでランチに行くときに、「え、あそこのイタリアン？　おいしくないじゃん」とか言っちゃって、一同テンション下がり気味、みたいな。

何かの「一員」というより、いっそアドバイザー的な立場で好きなことを言わせてもらえたほうが、いい仕事すると思います。

行動するには「理由」が必要

気まぐれに見えるかもしれないけれど、実は**「理論派」**。

全員が「右に行く」と言っても、なんで右なのか納得できない限りは、ついて行きません。

お昼にうどんを食べるのは、胃腸の調子がよくないからだし、京都に旅行に行くのは、新撰組に興味があるから（たとえばの話ね）。

「なんか、京都っていいよね」っていう理由だけでは行きません。

AB型がキレる理由

ちょっとしたことだとしても、癇《かん》にさわることを言われると、**瞬間的に逆上**します。その「NGワード」は、人それぞれ。

だけど、「自分でもなんとなく気にしていたこと」が多いかな。

「汗っかきだね」と言われただけて、ゴミ箱を蹴飛ばしながらキレたAB型がいれば、「お酒強いね」と言われて、そのまま黙って帰っちゃったAB型もいる。

周りにしてみれば、「なんで⁉」って思うんだろうけど、NGワードが出たとたん、ちゃぶ台をひっくり返したくなるほどの、強い、怒りの、衝動に、ええ、駆られるんです！

こうなったら、怒りがおさまるまでは、誰にも止められません。
あ、でもでも、すぐに我に返るので心配しないでくださいね☆

カーッ
しまった
何か、スイッチ押してしまった!!
あちゃ〜

親しき仲にも、「距離感」あり

気心の知れた友だちと楽しく過ごすのは大好き。大切な時間だと思ってます。けど、常にベッタリは、絶対にできません。

一人だけの時間もバランスよく欲しいし、干渉されるのは苦手なので、ほどよい距離感は大切にしたい。

「同じ釜の飯を食う」みたいな濃厚な付き合いは、ちょっと勘弁してください。

隠れ「甘えん坊」

最近よく話題になる「ツンデレ」って知っていますか?

「人前ではツンツンしているけど、二人っきりになるときはデレデレする」ような人の特徴を、略して「ツンデレ」。

これに近い性質を、AB型は持っているのかもしれません。

外ではしっかり者で通ってるけど、意外と甘えちゃうタイプ。恋人とか家族の前では素が出てしまい、何かと構ってもらいたい。世話を焼いてほしい。

だからこそ、包容力のある人に惹かれるんですかね。

やはりバランス感覚は抜群

たとえば学生時代、クラスで班を組むときに、「誰と誰を同じグループにすると、まとまりがいい」みたいに考えるの、得意でした。それで、「リーダーを誰にすればバッチリ」とかまで考える。

自分がリーダーを引き受けるよりも、クラス内の「人事」を考えるほうが性に合っていたみたい。

要は、バランスを考える、っていうやつです。

時間配分とか、モノの配置なんかを考えるのも好きだし、得意分野。**何をやるにしても、バランス感覚は良好。**

あ、食事もちゃんと「おかず」「ごはん」「味噌汁」ってバランスよく〝三角食べ〟しますよ。

安請け合いはしない。キッパリ断る

「君、こういうのまとめるの得意だよね?」って、あいまいな理由で仕事を押し付けられそうになったら、**キッパリ断る**。

同窓会の幹事とか、何かの代表とか、なぜか頼まれることが多いんだけど、断ることも多いです。

「まあ、長い付き合いだし」みたいな頼まれ方をされても、それはそれ、これはこれ。**バッサリ。**

納得できる理由がない限り、安請け合いはいたしません。

バッサリ

その代わり役員が持ち回りで、今回は自分の番だということなら、イヤだなとは思っても逃げ回るような真似はしない。ちゃんと引き受けるし、キッチリ仕事もします。

「人間観察」「人間分析」が好き

「一見ニコニコして感じがいいけれど、社内での信頼度はイマイチ」

とか、

「話し方はぶっきらぼうだけど、話の内容は筋が通ってるし、商談事には強そうだな」

とか、**人の「能力」や「評価」を客観的に分析・判断する**のは得意。

自分、もともと相手に対してフレンドリーに近付けるタイプじゃないぶん、観察はよ〜くしてるんですよね。一歩引いて、客観的に見る。採点は辛いけど、見る目はあるはず。プライベートでも、友だちの数は多いほうじゃないけれど、付き合いが長続きする。のはちょっと自慢です。

矛盾・理不尽は許せません!

世の中には「大人の事情」もあるし、「暗黙の了解」だってある。理屈だけではやっていかれないって、頭ではわかっているけど、自分が妥協するのはやっぱり無理。

そもそも接待ゴルフとか接待マージャンって、存在そのものがおかしいと思う。だって、スポーツやゲームで相手をいい気持ちにさせるって、あり得ないでしょ。勝負なんだから。

報道番組で、子どもたちが理不尽な扱いを受けているのを見ると、言いようのない怒りというか、「なんで？」っていう疑問が先行。

カッコつけてるつもりはないんだけど、**「だって、それおかしいでしょう？」というピュアな疑念を抑えられない**自分がいる。

人付き合いは「サラッ！」と

世の中の矛盾に対しては熱くなる瞬間があるけど、人間関係における

〝理不尽なこと〟に首を突っ込むようなことはしない。

「あいつは気に食わないから、はずす」とか、「親戚だから特別」とか、そんなことは理不尽だと思うから、そんなタイプの人とは関わりを持たないようにします。

自分自身は**義理に縛られるようなことはできないし、したくもないんです。**

基本的に、人間関係はサラサラ淡白です。

2

【AB型の「行動パターン」】

やっぱりAB型だね……！と言われる理由

矛盾を
鋭く突く

クールだと思われるのは、なぜ？

喜怒哀楽を表《おもて》に出すのは苦手。というか、表に出てきません。げらげら笑うとか、わんわん泣くとか、ぎゃあぎゃあ怒るとか、子どもの頃から少なかった。大人に、「どうしたいの？」とかってよく聞かれましたね。

別にクールで冷静、というわけではない。ただ、**感情をわあっと表現するのが苦手**なだけ。

だから、インタビューに淡々と答えるスポーツ選手を見つけると、「もしかしてAB型？」と親近感を持ちます。

心の中ではきっとすっごくうれしいんだろうになあ、とか勝手に想像してます。

熱さが表情に反映されない

「付かず離れず」がモットー

孤独を愛しているわけじゃないけど、**一人も好きだし、一人でも平気。**

一人ごはん（一人焼肉も含む）も、一人映画も、一人居酒屋も大丈夫。

一人カラオケまでなら、なんとか行けます。

だからってパーティーとか嫌いじゃないし、ちゃんと場の空気に合わせて会話したりもできる。まったくの一匹狼というよりは、群れと**付かず離れずの距離感**を持った狼って感じですかね。

ときには「180度のスピンターン」も

ごくまれにだけど、今まで積み上げてきたものを思い切って壊して、まったく違う方向に進路を変えることがある。

勤めていた人が、その仕事のノウハウを活かして独立することはよくあるけれど、それが角度にして60度くらいの進路変更だとしたら、こちらは

180度の変更。

商社マンを辞めて、ラーメン屋の修業を始めるとか、都会のマンションから、電気も通っていないような山村に引っ越すとか。まあ、人生に一度あるかないかですけどね。

でも、単なる思いつきではなくて、自分の中では考えに考えた末の、「これしかない」っていう結論なんです。

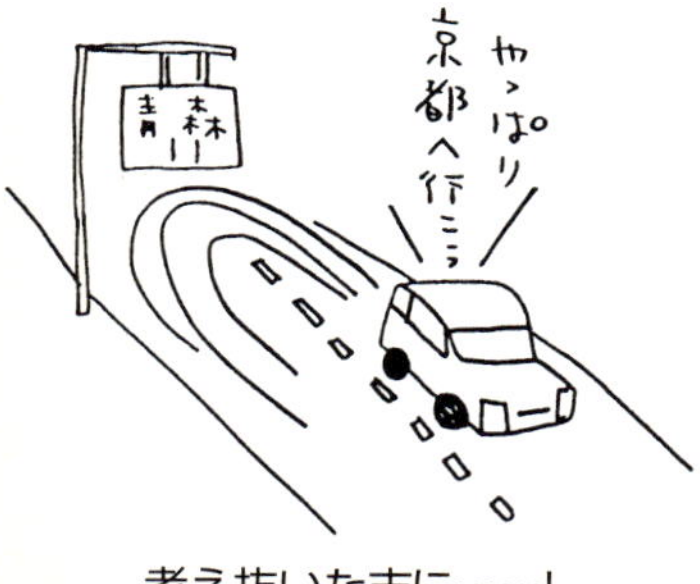

考え抜いた末に……!

服には「自分なりのスタイル」がある

「オシャレだね」ってわりとよく言われる。

もちろん、すべてのAB型がファッションセンス抜群ってわけじゃないだろうけど、トータルコーディネート（？）を考えるのは好き、というか得意かも。

バッグやベルト、靴、ネクタイやスカーフまで、**自分なりに統一感がないと落ち着かない**。

ズボンの折り目もピシッとさせていたいし、メイクやヘアスタイルもきちんと決めたい。

靴が汚れていたり、爪が伸びていたりするのも許せないって感じです。

ってところで、見た感じオシャレな印象があるのかもしれません。

公私混同？　あり得ません

どんなに仲のいい友だちでも、「だから、この保険に加入してくれ」などと、義理を前面に出されて頼まれたら……キッパリ断る。

それで相手が「フン」ってなるような友人なら、自分に見る目がなかったってことで、縁を切るかもしれません。

自分が入る保険は自分で検討して決める。化粧品も、補正下着も、サプリメントも同じ。**義理でお買い上げなんかはしない**し、相手がしつこい場合は相当機嫌が悪くなります。

部屋をスッキリさせるのは得意

部屋は片付いてるというよりも、**そもそもモノが少ない**。捨て上手なわけではなくて、単に無駄なものは最初から買っていないだけ。シンプルな部屋は、本当にシンプル。

よくいるでしょ、柄のある鍋に、統一感のないクッションに、ティッシュの箱にまでカバーを付けている人。信じられない。

たとえばモノトーンで統一するなら、食器も、タオルも、できればテレビのリモコンも、モノトーンでそろえたい。シャンプーやリンスだって、容器を移し替えてでも同じにする。

そんなところはこだわります。徹底的に。

「なんとなく」では納得できない

「なんとなく」という理由にはどうしても納得できない。

子どもの頃、遠足ってなんの意味があるんだろうと考えてみたり。なんとなくみんなが行くから行く、ということでは納得できない。

こんな子ども、イヤ?

「おやつどうする?」とかって盛り上がっている同級生を横目に、「遠足におやつって、そんなに必要かな〜」とか考えたりも。

だからって楽しみにしてないわけではないんだけど、ワーワー騒ぐほどには、のめり込めなかったなあ。だって、その**理由がわからない**から。

何かにハマると、とことん

そんな感じでサラッとしているけれど、一度ハマってしまうと、それについては「とことん」まで追求するタイプ。

ゴルフにハマったら、昼ごはん抜いてでも、打ちっぱなしで練習。ボーナスを全部つぎ込んで、より性能のいいゴルフクラブを追求。ゴルフ関連のテレビを観まくって、ゴルフ雑誌でスイングを研究して、傘でそのスイングを実践して……と、「もうやることがない」ってところまで、やり尽くします。

納得できるまで極めたい。そのためには努力も惜しまない、です。

仕事とプライベートはキッチリ分ける

結婚していても、なぜか独身の雰囲気を持っているAB型って多いと思う。つまりは、「生活感がない」。これ、周りの人からよく言われます。

家ではダラダラしていることも多いけど、確かに外ではパチッと切り替える。たとえ、近くのコンビニへ買い物に行くのでも、歯磨いて着替えます……なんとなく。

家族とか恋人の話って職場ではしないし、パソコンの待ち受け画面を愛犬の写真にして見せびらかすのとか、すごくカッコ悪いと思っているので一切しないし。

反対に、家に帰ったらゆっくりしたいから、仕事は持ち込まない。仕事の話もしない。

そこはキッチリ分けないとイヤです。

「みんなでワイワイ」正直苦手

バカ騒ぎは苦手。はじけたフリも、なかなかできない。

だから飲み会で、宴会芸が始まって盛り上がってるときに、**一人で黙々とお酒を飲んでる**こととかよくあります。

「なんで一人でしらけてるの？　なんかやってよ！　ほらほら」とか無理強《じ》いされると……（怒）。大人なんで、表面上は「歌わないから」とだけ言って我慢しますけど……。しかも、あり得ない盛り上がりようを見れば見るだけ、どんどん自分が冷めていくのがわかってつらい……。

あ、お構いなく……

なので、「無礼講」が前提の席には、極力出ないようにしてます。そんな時間があるなら、家で映画を観るとか、音楽を聴くとか、おいしいものでも作って食べるとかします。

尋問しているわけではありませんが……

「最近太っちゃって……」「あら、なんで?」

「この仕事頼める?」「え、なんでですか?」

「今度の日曜、空いてる?」「なんで?　なんで予定聞くの?」

意図のはっきりしない質問には、質問で返す。些細なことでも理由が気になるし、そこがハッキリしないと返事はできないなって思う。

「質問」というより、「詰問《きつもん》」調になっちゃうのはご愛敬。

行動する前に、まず考える

思いついたらすぐ行動、ってことはないですね。計画的っていうのともちょっと違うんだけど、「なんとなく」で動くのって、ロスが多いでしょ。

出かけるならまず路線図調べて、一番安く、早く、乗り換えも少なくしたいし。乗り継ぎが悪いのもイヤ。地下鉄の出口とかで迷うのもイヤ。お店に行くなら、クーポンとか無駄なく使いたいし、「行ってみたらお休みでした」なんて考えられない。**必ず事前にチェック！**

スーパーに買い物に行くときも、チラシ熟読が基本です。

「冷たい」と誤解される原因

デートの約束をしていたのに、仕事が入ってダメになった。**これって仕方のないこと**ですよね。

だから言い訳とかしないで、「今度の日曜、仕事が入って行けなくなった」って正直に話したのに、なんで怒られるの？　理解できません。

もちろん、自分だって楽しみにしていたし残念だけど、他の人と遊びに行くわけじゃないし、二度と会えないわけでもないのに……。

ってところで「冷たい」とか言われるんですよね。

でも逆の立場で、恋人が仕事になったから会えないってことになっても、「しょうがないよね」って受け入れる。だってホントにしょうがないし。

仕方ない、仕方ない

「なんとなく」で行動する人が許せない

部下がしでかしたミスについて、

「なんでそういう風にやってしまったわけ？」と聞いて、「前もそうだったので……なんとなく……」などと言葉を濁すようなやつは問題外。

何ごとも、**きちんと説明してほしい**。

何月何日何時何分にどこそこで何があって、それが成功していたデータをこれだけ見て、だからこういう行動を起こした、なんて説明されたら、その判断が間違っていても許すけど（って、さすがにこれは求めすぎか）。

仕事でもプライベートでも、「直感」や「感覚」は頼りにしない。

それを頼りにしているような人を見たら、この人はダメかも……とか思っちゃうくらい。

異性との関係にしても、学校の勉強ができるとかじゃなくて、頭の回転が速い、**筋の通ったモノの考え方ができる人に惹かれる**傾向があるかも。

「原因」さえわかれば、不安なことはない

基本的に冷静だけど、一度でも不安に思うと、なかなかそこから抜け出せなくなります。

たとえば、病院で検診を受けた後に「再検査のお知らせ」が来たりなんかすれば、頭の中がぐ～るぐる。「そういえば、確かに最近、食欲が落ちてるんだよね……。体重は変わらないけど、なんだか疲れやすいし、お酒弱くなったし……」と、**病気（不安）の理由をあれこれ考えちゃう**。

で、自分はもうダメなんじゃないかとまで覚悟して、再検査受けたら「問題ないですね」ってコラコラ、みたいな。こんなことがよくあります。

結婚とか仕事とか自分の将来とか、大きな問題でちょっとした不安を感

じると、それがどんどん大きくなっちゃって。「こうだから大丈夫」っていう理由が見つかるまでは、なかなか立ち直れません。

一度ヤル気になれば、こっちのもの

スイッチがオンのときは、どんなことでも黙々とこなす。

ひたすら内容に目を通してハンコ、みたいな単調な作業（本当は嫌い）でも、文章を考えてまとめるような頭を使う仕事でも、家事でも遊びでも。

昔から試験勉強とか、ヤル気になれば苦ではなかった。ヤル気になるまでに時間がかかることはあっても、エンジンがかかると集中できる。

余計なことを考えないで、**何かに没頭するのが好きだし、楽しいんです。**

「気まぐれ」と思われるにも、理由がある

「つかみどころがない」「不思議ちゃん」「気まぐれ」と、AB型はいろいろ言われますよね。

それは、前にも言った「スイッチのオンとオフ」に関係があると思うん

はい、スイッチ入りました

だけど、自分でもよくわからないことも多いんです、実は。

急にスイッチ切れちゃって、約束をドタキャンしたくなったりもする。

もちろん、相手に迷惑がかかるから、実際には行動に移さないようにしています……。表情からはわからないかもしれないけど、自分の中では**感情のボルテージが上がったり下がったり、意外と激しい**のかも？

テンションが上がるとき、下がるとき

たとえば自分が計画した旅行と、誰かが計画してそれに便乗した旅行とでは、明らかにテンションが違います。

自分が企画した場合は、スイッチが入っているのでノリノリ。率先して

観光スポットを回るのはもちろん、友だちにもあれこれ気を配る。お土産《みやげ》まで持たせちゃって、「添乗員か！」って突っ込まれそうな勢いです。

でも人に誘われた旅行では、完全に「お客さん」。スイッチはオフのまま。「休憩まだ〜？」とか文句も言っちゃうし、宿に着いたらさっさとお風呂入って「ビール、ビール」みたいな。

同じ旅行でも、「言い出しっぺかどうか」で、人が変わったよう。

「先入観」は持たないのがポリシー

「おいしい」と評判で、行列ができるようなラーメン屋さんに行っても、最初から期待に胸をふくらませるようなことはない。というより、**「先入**

観」を持たないのがポリシーですから。

実際、食べてみたら「たいしたことないじゃん」ってこと、よくあるし。「自分の考え」に対するこだわりがあるから、「口コミ」を聞いただけで衝動買いする人とか、信じられない。

「あの人って、暗そうだよね」って見た目だけで判断するのも変だと思う。話してみなきゃわからないでしょ。「先入観」は、絶対に持ちません。

ヨイショされると……ちょっとうれしい(照)

プライドが若干高いので、そこをくすぐられるとうれしくて、ちょっとだけ調子に乗ります。ちょっとだけだよ?

カラオケで、「歌うまいねえ、もう1曲！」なんてヨイショされると、「参ったなあ」とか言いながら、右手ではさっそく得意曲の予約番号を打ち込んでいたりして。てへ。

でもそこで、サザンになりきって歌ったりなどと、**「自分の足下を見失う」ようなヘタは打ちませんが。**

謙虚な言葉とは裏腹に……

なんで、そんなに〝冷静〟になれる？

結婚式で予定外のスピーチを頼まれたとしても、それなりに緊張はするけど、手が震えたり声が裏返っちゃうようなことはありません。

「短くまとめていいよね」なんて会場の空気まで読みつつ、他愛のない話をしてサラッとやり過ごす。**「想定外」でも慌てない。**

だから、たとえば何かの事故に遭遇したときでも、結構冷静。

動揺しないわけではないけど、頭の中で「何をする？　どうする？」ってちゃんと考えてる。

救急車呼んで、場所や状況の説明して……と瞬時にシミュレーション。

しかも、そんな自分を「落ち着いてるなあ」って見てる、もう一人の自分がいたりして。

よく「天才肌」に見られるけど……？

「AB型は天才肌」なんてよく言われる。けど、自分の周りを見渡してみても、天才肌の人なんて、そうそういない。そもそも、そんなに天才がゴロゴロいたら怖いです。

実はAB型は、**「陰で努力するタイプ」**なんです。

友人「テスト勉強やった?」
AB型「全然ダメ、自信ないよ」
友人「でもそのわりには、いつも点数いいよね～。やっぱ天才?」

まず、こんな話の展開がちょっと好きっていうか……。

あからさまな努力を「ウリ」にするのは、カッコ悪いし、恥ずかしいとも思っているので。

テスト勉強、実は前日の夜中まで気合い入れて頑張っていたとしても、それは絶対言わない。妙なプライドはありますね。

だからこそ、「努力しないで、いい結果」と見られることも。

あくまで「努力」は隠す

本質をズバリ突く！　でも、突きすぎるあまり……

ズバッと本質を突くのは、得意中の得意。

「それって、さっきの話と矛盾してますよね」

たとえ相手が目上でも言いたいことは言うので、後輩からの人望はあります（自分で言うのもなんだけど）。

ただ、ときにはハッキリ言いすぎてヒンシュクを買うことも。

「ちょっと待って。今の話聞いてると、プライマリーバランスの意味わかっていないよね。なのに流したよね。それやられると、この先話が通じなくなって困るんだけど……」

な～んてやり込めるみたいになって、一気に相手のヤル気をそいでしまうこともあります。
——反省。

A型とB型に譲ってもらった集中力

モノを考える集中力も、手先で細かい作業をするときの集中力も、結構イケます。
考えるほうはB型譲り。
手先のほうはA型譲りらしい。
しかも、いったん集中しはじめると、自動的にスイッチがオンになって、
さらにパワーアップ。

中学生の頃、ギターに初めて触って、その日のうちに曲が弾けるまでやり込んだこともあります。

料理に没頭してフルコース作ったこともあるし、3日かかる仕事を一晩で終わらせたこともある（ちょっと極端な話ですが）。

やるときはやるんです。

たとえそれが、一瞬だとしても……。

3

【AB型の「成功法則」】

あなたの「うまくいく生き方」がある!

AB
バランス
感覚、あり

【（とくに）AB型の人へのメッセージ】

ものごとを客観的に見ることのできるAB型だから、自分のことは誰よりもよく知っているはず、なのですが……。

きちんと自分を把握するのって、やっぱり難しいですよね。

何をやってもそこそこ以上の結果は出せるけど、何か物足りない。ときどき自分で自分がわからなくなる。どうすれば、満足できる生き方ができるのか……。

そんなAB型のみなさんに「成功する生き方」のポイントを紹介しようというのが3章です。

一つひとつの内容は本当に簡単。「行動」や「言葉」をほんのちょっと変えるだけの、誰にでもできることばかり。

幸せをつかむには、「努力」プラス「コツ」がモノをいうのです。

AB型の成功法則 1

その「あきらめ」は早すぎませんか？

「①ものごとを理解」→「②行動」が、AB型の基本。

自分でシミュレーションして、「これはダメかも」と思うと、一気にヤル気をなくしてしまいます。

その結果、あと一歩で終わる仕事を中止にしたり、逆に仕事が終わらないことを理由に、他の約束をドタキャンしたりすることも。

でも、よく考えて。

ダメだと思っているのは、自分だけじゃありませんか？

たとえば仕事が成功する確率は低くても、ゼロではない。あきらめるのはまだ早いかもしれないのです。

約束をキャンセルする前に、仕事の締め切りを延ばしてもらう努力はしましたか?

それぐらいの強さとお気楽さも、ときには大切。

肩の力を抜いたら、「意外にイケる」ってこともあるんです。

AB型の成功法則 2

なんでも「人並み以上」。足りないのは……

たとえばテニスの試合で負けたときも、

「ね、結局実力以上のことは無理なわけよ。当然の結果」

と、冷静に判断……これが**AB型の「保険」の掛け方**です。

「最初からわかっていたこと」だと自分を納得させて、負けた悔しさをやり過ごそうとするのです。

でも、これでは天才でもない限り、実力以上の力を発揮できるはずがありません。

カッコ悪くてもいいじゃないですか。

「勝てる！　絶対に勝ってみせる！」。何の根拠もないけれど、そのくらい言い放って、自己暗示をかけましょう。自分を信じましょう。

「情熱」を添加せよ!

なんでも人並み以上にこなすAB型に足りないもの。それは、「目に見える」情熱なのです。

AB型の成功法則 3

結論を出す前に、もう一考

AB型に実践してほしいことを、もうひとつ。それは、**すぐに結論を出さないようにする**ことです。

結論を出す前に、立ち止まってみる。そしてもう一度じっくり考える。

「ダメだって決めつけていたけど、どうにかならないか？」

AB型が得意な「あらゆる角度から」点検するのです。

意外に見逃している方法が、あるかもしれません。

軌道修正の上手なAB型ですから、小さな望みをつなぐことができれば、窮地を抜け出せるはずです。

AB型の成功法則 4
もっと「表情豊か」に！

喜怒哀楽の表情が顔に出にくいAB型。

普通にしていても、「怒ってる？」と聞かれたり、悲しいときにも、「強いよね」とほめられ（？）たり……。

楽しいときも、自分では大笑いしているつもりが、周りから見ると〝軽く微笑んでいる〟くらいにしか見えていないかもしれません。

もしもあなたが、「なんとなくテンションが低い」「とっつきにくい」と思われているのなら、声を出して笑う練習をしましょう。

〝心がける〟のではなく、実際に〝練習〟します。

照れくさいとかバカバカしいとか思わないで、意識して声を出す！

周りのあなたに対する印象ももちろん変わりますが、「笑い」には、自分の行動意欲を高める力もありますよ。

AB型の成功法則 5

「くだらない冗談」の意外な効果

「仕事中に、くだらない冗談を言うのは時間の無駄」……とまでは思っていなくても、なんとな〜くそんな雰囲気を醸《かも》し出しているのが、AB型。

間違ったことではないのですが、そこに、緊張感も漂っていませんか？

くだらない冗談も、場をなごませるには必要なもの。

といっても、いきなり、ジョーク集に出てくるような「小粋なユーモア（エスプリたっぷり）」を連発すると、かえって浮いてしまうかも。**ベタな〝ギャグ〟レベルのもので構わないので、ときには口走ってみましょう。**「何それ、ベタすぎ〜」と突っ込まれたら大成功。一気に空気が変わるはずです。

そうそう、その意気

AB型の成功法則 6

言葉は「シンプルに」がポイント

シャイでオシャレなAB型。

女性ならキュート。男性ならダンディ。とにかく雰囲気があって、カッコいい人が多いのは間違いありません。

でも、そのカッコよさ、行きすぎると〝キザ〟だったり、〝イヤ味〟になってしまうこともあります。

もともと〝上から目線〟に見られやすいAB型は、**とくに同性からの反感を買うこともある**ようです。

「オシャレ心を忘れたら、女性としては、ダメよね～？」

自分では、普通に言ったつもりの発言でも、相手には「イヤな感じ」に受け取られることもあります。

「女の子だったら、ずっとオシャレでいたいよね？」など、意識して、**シンプルな言い方を心がける**ようにしましょう。

AB型の成功法則 7

目標達成までは段階を踏んで、一歩ずつ

「将来は趣味の陶芸で食べていく。できれば自分の窯《かま》を持って、作品を作ることに没頭したい」

AB型の理想（夢想？）は、とどまることを知りません。

しかも**冷静でいるようで、実は目の前の現実を無視していることが多い**のです。

その結果、挫折。

そうならないためには、どうすればいいのか?

とりあえず、「5年後の理想図」を思い描いてみるところから始めましょう。

「まず、将来のために300万円を目標にお金を貯める。陶芸教室で腕を磨く」

5年後に、**「目の前の理想」が「現実」になったら、次のステップへ。**

「さらに資金を貯める。陶芸作品で、賞を取る」、そしてさらに……と、理想のステップアップをしていくのです。

もともと実行力のあるAB型。

着実に理想を積み重ねて、最終目標までたどり着く可能性は十分にあります。

AB型の成功法則 8

自分を見失うと大変なことに……

冷静でクールなAB型ですが、ときどき自分を過大評価するクセがあります。

自分はどこでも高く評価されると信じて転職に失敗したり、収入に見合わない買いものをして、借金を作ってしまったり。

こんなミスを犯さないためには、**自分がどの〝位置〟にいるのかを、きちんと見極める**必要があります。

そのためにも、もっと人と関わること。情報収集をすること。そして、自分に対する評価をきちんと受け止めることです。一匹狼も悪くはありませんが、自分のランキングは常に確認しておきましょう。

AB型の成功法則 9

突然キレたら、必ずフォローを……

AB型が、あるとき急にぶちキレる……。

あまりにも突然すぎて、周りの人はもちろん、**本人にも止められません**。

ですので、キレる前に冷静になれとか、深呼吸しようなんてアドバイスをしても、なんの役にも立たないでしょう。ではどうする？

AB型の場合、怒りのスイッチは「自分」についています。

相手は、普通の会話をしているつもりなのに、特定のキーワードに勝手に反応して、スイッチオン→ドカン！　となるのです。

それなら怒りがおさまった後で、きちんと反省をして相手に謝ること。

間違っても、仏頂面でその場を立ち去ったりしないこと。

「カッとして、ごめんなさい」「言いすぎて、すみませんでした」

このひと言が言えるかどうかで、周囲との関係は変わってきます。

フォローが間に合えばいいが

AB型の成功法則10

「鈍感力」も鍛えてみましょう

感受性が強くて、ちょっぴり神経質なAB型は、何に対しても隙《すき》がありません。

職場では、服装も机まわりもビシッと整えて完璧。何をやらせても器用にこなすし、会話もスマート。集中力もある。ってちょっとほめすぎですが。

それだけに**他人に対しても厳しく、些細なミスでも執拗《しつよう》に問いただすといった、ちょっとイジワルな一面も**あるのです。

けれど、世の中そうそう完璧にはいかないもの。

差しさわりのない程度のミスなら見逃すぐらいの〝鈍感さ〟も、ときには必要ではないでしょうか？

AB型にとって、「見て見ぬふり」は疲れるかもしれませんが、せめて「聞き流す」くらいの鈍感力は鍛えましょう。

AB型の成功法則11

「段取り力」を、もっと活かすには？

「根回し」というと、なんとなくいやらしい感じがしますが、言い方を変えれば「段取りが上手」なのがAB型。

たとえば、「この仕事を成功させるために、この人とこの人を会わせてみたら面白いかも」とか、「先手を取ってこの話をしたほうが、後が楽かも」、などなど。

この**「（思考の）段取り力」は、とくに仕事の世界で活きてきます**。

大きなチャンスをつかむ要素にもなるので、もっともっと磨きをかけましょう。

AB型の成功法則12

「野心」を持ったAB型もステキですよ！

ちょっと世捨て人的な雰囲気のあるAB型。

派閥争いに勝ち残って出世するとか、金の亡者になって年収1億円を目指すといった、どろどろした世界は苦手です。

むしろ「早期退職して、山で釣り三昧《ざんまい》の生活をしたい」とか、「ボランティアとして、アジアの国に行ってみたい」など、夢らしい夢を抱き続けている人が多いかも。

それはそれで、とてもステキなこと。

ただし、そこにはやはり、権力や財力が絡んでくるのも現実です。

早期退職して悠々自適の暮らしをするためには、職場でそれなりの地位にいなければならないだろうし、ボランティアだって、それこそ自腹を切っての世界です。

夢に向かうための「手段」として、野心を持つのは悪いことじゃないと理解しましょう。

むしろ目の前の現実を見ないと、「夢見る夢子さん」のままで一生が終わってしまうかもしれないのですから……。

現実を見ていないと……

AB型の成功法則13

その「努力」、もっとアピールしてよし！

「ヤル気満々」な態度をあらわにするほど、カッコ悪いことはない――と
AB型は思っています。
陰で努力しても、人前では淡々と、サラッとこなしてこそカッコいい、
という思い込み。
そう、そんなものは思い込みでしかありません！
「一所懸命」を前面に出すことは、カッコ悪くもなければ不利にもなりません。むしろ「頑張っているな」と、好感を持たれることもあります。
好感度アップのためにというわけではありませんが、ときには「ヤル気」を表に出してみましょう。

学校の部活動のノリで、大きな声で返事をする。きびきびと動く。限界まで頑張って、それはそれで、わざわざ人に隠さない。意外に気持ちがいいものです。

AB型の成功法則14

AB型にとっておきの「不安克服法」

不安になるとテンションが下がる。

当たり前のことですが、とくにAB型はこの傾向が強いようです。なまじ感受性が強く、先の見通しもできてしまうために、「あ〜、もうダメ、絶対無理」と、どんどん落ち込んでしまうのです。

もともとバランス感覚がよく、「平常心」は得意なAB型。不安以外の感情の「恐怖」とか「悲しみ」「驚き」にはめっぽう強いのに……この勢いで、「不安」に対する免疫を付けておきたいですね。

「不安」が原因の〝マイナスのスパイラル〟から抜け出すためには、AB型の特長を利用します。つまり、**不安の「理由」を考えてみる**のです。

自分がどんなことに不安を感じているのか、紙に書き出してみるのもひとつの方法。何ごとにも「理由」を求めるAB型の十八番《おはこ》じゃないですか！

「結婚して束縛されたら苦痛？」「今のままでは、いいところ課長止まり」

書いてみると、

「なんだか漠然とした不安で、なんでここまで深刻に悩んでたんだろう」

と、客観的に受け止めることができるかもしれません。

そもそも「不安」という感情には実体がないのですから、気持ちの持ちようひとつで、消し去ることができるのです。

AB型の成功法則 15

たまに「情に流されてみる」

友人「ねえ今度のクラス会、延期にできないかな？　A子とB子がケンカしたみたいで、行かないっていうの。せっかくならみんなでやりたいでしょ？」

AB型「え〜、せっかく予定空けたのに困るわよ。店も予約しちゃったし。行きたい人だけで行けばいいんじゃない？」

感情よりも理屈を優先させるのは、AB型のよくもあり悪くもあるところ。

もちろん、それぞれの事情ばかりを聞いていられない場合もありますが、感情を無視して強行したために、逆にみんなの気持ちがバラバラになってしまうことだってあります。

媚《こ》びる必要はないけれど、みんなが共感できる空気を作るのも大切。
ときには、**理屈を捨てて情に流されてみましょう**。

AB型の成功法則16

ここぞというときは、あえて一歩前に出よう

AB型は、テレビゲームのRPG（ロールプレイングゲーム）の登場人物にたとえれば、**「賢者」のタイプ**。

先頭を切って戦うことはないけれど、的確なアドバイスをしたり、ときには物語のキーマンとなることも。

そんなAB型の個性を、実生活でもっとアピールしましょう。

一見とっつきにくそうでも、

・人と話をするのは嫌いじゃない、
・とくに趣味の合う人と深く語るのは大好きだし、リーダーになるのは苦手でも、
・「参謀」として人を動かすのは得意、
・間違ったことは大嫌いな、熱い一面もある……。
まだまだ、みんなの知らないAB型の顔がたくさんあるはずです。
ここぞというときには、**一歩前へ出てアピールする**のもお勧めです。

AB型の成功法則17

ときには周りと「歩調を合わせる」

AB型にとって、もっとも苦手なのが、「人と歩調を合わせる」こと。

仲間うちでバカ騒ぎをして盛り上がっているのに、「眠いから帰る」と、本当に帰ってしまったり。

反対に、「この契約は厳しいよ」と、上司が二の足を踏んでいるのに勝手に話を進めてしまったり。

もちろん、AB型ならではの個人プレーがファインプレーにつながることもあります。それが評価される世界もあるでしょう。

でも、ベタな言い方ですが、人は一人では生きられません。「和」を大切にすることは、生きていくための知恵でもあるのです（クサい？）。

自分を取り巻く人間関係に、もう一度目を向けてみましょう。

いつもあなたの味方をしてくれる人。

落ち込んだときに声をかけてくれる人。

一度断っても、また遊びに誘ってくれる人。

あなたを支えてくれる、多くの仲間がいるはずです。

もともとバランス感覚のあるAB型は、足並みをそろえようと思えば誰よりも上手にこなせるはず。

ときには自分から、みんなに合わせる努力をしてみてはいかがですか？

4

【AB型の「主張」】

AB型といい関係をつくるための「取扱説明書」

「束縛はイヤ！」
AB

【（とくに）AB型以外の人へのメッセージ】

「もっと知りたい血液型ナンバーワン」に輝くのは、なんといってもAB型ではないでしょうか。

クールで、ソツがなくて、頭の回転が速くて。でも、ときどき別人みたいに熱くなったり、暴走したり。AB型って、本当はどんな人なんだろう……そんなみなさんの疑問に、「AB型目線」でお答えしようというのがこの4章。

AB型を知るだけではなく、ときどき絡みづらい（？）AB型と、上手にコミュニケーションを取るにはどうすればいい？　AB型自身は、どんな付き合いを望んでいるの？　といった本音の部分にまで迫ってみます。まだまだ未知数の魅力を隠し持っているAB型。

意外な一面を知れば、きっともっとAB型が好きになるはずですよ。

こんなときは、放っておいてください

ものごとが思うように進まないのって、正直イライラします。

たとえば、自分が真剣に仕事をしてるのに横から話しかけてきて、つまらないジョークとか言われると、カチンとくる。

「さっさと仕事しようよ」って、すかさず言ってしまいます。

クリーニングに出したスーツが、予定の日までに上がってこなかったり、マイカーの車体に小さな傷をつけられたり、電車が一時停止したまましばらく動かなかったりする……。

たとえ生活に「大きな支障」がなくても、なんだか許せない。

できれば**アクシデントのない世界に住みたい**くらい。

ってことで、AB型がイライラしているときは、たいてい〝進行がスムーズにいっていない場合〟だと、ご承知おきください。

周りにいる人で改善できるところがあったら、積極的にお願いします。

そして、どうにも手助けできないようなら、**トラブル終了まで放っておいてもらうのが一番**だと思います。

「理由」のある「意見」なら聞きます

こう見えても、人の意見にはちゃんと耳を傾けるし、「それ、正しい」と思えば受け入れます。

許せないのは、頭ごなしに「こうしろ！」って命令されること。

「勉強しなさい！」ってただ言われても納得できないけど、「勉強することで、こんなふうに人生が開けるんだよ」みたいに説明してもらえれば、「なるほど」って、その日から机に向かう（かも）。

AB型を動かすときには、必ず「こうだから」って理由を伝えてください。

理解したとたん、別人のように働きがよくなる（はず）。

「理由」がある人が魅力的

仕事を依頼するときは、丸ごと任せてください

AB型って、「無駄な動き」とか「軽はずみな行動」が少ないんです。

クソ真面目ってわけではないけれど、**「どうすれば効率がいいか」って常に考えてる**。

なので、AB型にものを頼むときは、あれこれ制約をつけないで、自由にできるよう丸投げしてもらえるとうれしい。

使えないマニュアルを押し付けられるよりも、自分の頭で考えた手順でちゃんと手際よくこなすほうが好きだし、効率的。

言われたことを、そのままコツコツこなしていく、という仕事のほうが、逆に〝効率〟は悪くなるかも。

AB型が唯一、従順に従う人のタイプは？

何かに秀でた人ってもちろん魅力的だけど、AB型ってとくに、「人としてすぐれている」とでも言いますか、「人望の厚い人」に惹かれますね。

誰からでも慕《した》われていて、みんなを引っぱっていく力も持っている。

自分もそうなりたいし、ついていくなら絶対にそういう人がいい。もちろん**出会ったら忠誠尽くします**（？）。

あまり人に懐《なつ》かないAB型を「手なずけたい」と思うなら、こんなデキる先輩、上司のもとに置いてやってください。

驚くほど従順に仕《つか》えるはず。

思いつきではありません。理由があるんです

AB型が唐突に意見を変えること、確かにあります。

でも決して「思いつき」でそう言っているわけではない。

実はAB型が意見を変えるときは、「今までのやり方では、無理」と気付いたとき。**手詰まりの状態になったから、方向転換した**ってことなんです。

こんなときは、「なんで急にコロッと意見が変わるんだ！」などと責めないでやってください。切羽《せっぱ》詰まったときのAB型って、意外にとんでもない（けど、使える）発想をしたりもするんですよ。

瓢箪《ひょうたん》から駒じゃないけど、「前よりいいんじゃない？」って結果になるケースが多いので、ハラハラするだろうけど、そのままで。そのままで。

ちゃんと楽しんでますよ、顔に出ないけど

「楽しんでる？」

「無理に誘っちゃって、ごめんね？」

みんなで遊んでいるときに、こう言われることが結構あります。

きっと、楽しいのでしょう

うーん。「楽しい！」って表現する上手なリアクションがわからないけど、自分、ちゃんと楽しいです！　だって、つまらなければ帰りますよ。まあ「バカ騒ぎ」は苦手なんで、一人だけノリが悪いこともあるかもしれないけど、あまり気をつかわれるのも困る。**「そこにいる」っていうことは、楽しいと思ってる証拠**なので、放っておいてもらえるとありがたいです（あ、ビールも手酌でやるんでよろしく）。

束縛しない、指図しない、干渉しない

人から束縛されたり、干渉されるのって我慢できません。

「毎月3日は、付き合いはじめた記念日だよ。忘れないで」なんて言われ

ても……命日じゃあるまいし、やめてください。

「なんでも作業を次に進めるときは、必ず報告入れて」って、意味のない報告は時間の無駄でしょ。とか思っちゃう……。

もしもAB型との付き合いを大事に思ってもらえるなら、ポイントは、ある程度「口を出さない」で見守ること。**好きにやらせてもらったからといって、暴走することはありません**からご安心ください。

あと、毎月記念日をお祝いするのは面倒でも、誕生日はきちんと段取りしてお祝いしようって考えてるし、あれもこれも報告するのはおかしいと思うけど、「ここは」って部分はちゃんと指示を仰ぐ。

ここらへんはバランス感覚があるということですかね。

むしろ、干渉されると、反発して言うこと聞かないと思います。

「やめる」と決めたら、すっぱり「やめる」

AB型って、冷静なイメージが強いかもしれませんが、どんなことでも、「やめる」と決めたときは、執着することが少ないぶん、本当にスパッとやめちゃいます。人に相談とかもしない。一人で決断。

さんざん悩んだ末の結論なので、何があっても考え直すことはありません。

学生時代から続けてきたスポーツを（能力の限界を感じて）やめる。
会社を辞める（この場合は、いきなり辞表提出です）。
結婚をやめる。婚約を解消する（この場合も、話し合いの段階をすっ飛ばして、自分の中では〝解決〟している）。

ここまできたら、誰にも止められません。残念ながら。

弱気のときは、軽く声をかけてください

「このまま、今の仕事を続けていいんだろうか」

「平凡な毎日に満足していいのか？」

な～んて考えはじめると、不安で夜も眠れなくなります。本当に。

もしも、日頃どちらかといえば強気なAB型が、煮え切らない態度を取ったりしていたら、何か不安要素を抱えている証拠。

症状が悪化しないうちに「たまには1杯どう？」とか、軽く声をかけてください。軽く。

質問攻めにされると黙ってしまうので、気軽な感じで誘ってもらえると、とてもありがたいです。

「リーダー」向きではありません、決して

先頭切って走るのは好き。
子どもの頃から、周りの子よりモノの考え方も、やることも大人びてたと思います。
でも、みんなを引き連れて、群れのボスになるような役回りは苦手。
基本的に「個」で行動したいんです。
なので、慕ってもらえるのはうれしいけれど、リーダーとして祭り上げ

るのは勘弁してください。

「走る」なら「一人」がいい

むしろ「アドバイザー」なら向いてるかな

リーダーにはなりたくないけれど、人にアドバイスを送るのは得意。手前味噌ですが、これが結構、的確だって評判なんです。

「右だ」「いや、左だ」って、意見が真っぷたつに分かれたとき、それぞれの話をバランスよく聞いて状況を判断するのもうまいと思う。

弁護士や裁判官は学力の問題もあって簡単になれるわけではないけど、向いているかも。〝顧問〟みたいな立場も向いていると思います。

それはいつも突然やってくる……

何かの言葉に反応して、突然ぶちキレることがあります。

それまで和やかに話していたのに、態度が豹変するのでびっくりするかも。**予測不可能**なのは間違いないです。

きっかけは、「意外によく食べるね」とか、「お笑いの○○に、感じが似てるね」とか、相手が地雷を踏んだ場合がほとんど。
ま、それが地雷だとは、気付きにくい内容ですよね。
でも、キレるのが突然なら、正気《しょうき》に戻るのも早い。
「そこ、キレるところじゃないでしょ！」と突っ込んでください。
「そうだな。何をそんなに興奮してたんだ？」と我に返ります。たぶん。

もの怖《お》じはしない。失敗も堂々と！

感情的になることが少ないせいか、**「アガる」ってこともあまりないです。**
失敗したらそれはそれ、という思いもあるし。

なので、人前で話をするのも苦手ではない。何かの際には、お役に立てますよ。話を振る相手に困ったり、誰か司会を立てないといけないようなときは……。

少々間違えたとしても、堂々としてるから意外と気付かれずに終わっちゃうし。

この「負けん気」を上手に使うには

冷静なようでいて、実は攻撃的なところ、あり。

挑発されると、つい乗ってしまいます。しかも、口では負ける気がしないので、徹底的に相手をやり込めようとする。

ボクシングで言えば、**ガードはしないで、相手を打ちまくる**みたいな？

ということで、AB型は「使い方しだい」。

敵として怒らせたくなければ、挑発しないでほしい。逆に誰かと議論して勝たなきゃいけないときは、焚《た》きつけてくれれば、あなたのためにファイターとして熱い戦いを繰り広げてみせます。

負ける気がしねえ

超気配りの人。相手はちょっと選ぶけど……

「人間関係のバランス感覚」は悪くない。

といっても、いろいろなタイプの人と、まんべんなく付き合えるわけでもありません。

嫌いな人には近付かないので、交際の範囲は狭い。

でも、その狭い中での気配りは超得意。

「元気？　近いうちにまた1杯行きましょう」とか、「ん？　いつもの元気がないけど大丈夫？　悩みがあればいつでも相談に乗るからね」と、**気配りの人**。

別に媚《こび》を売っているわけではないですよ。自分が好きな人には気がきく、ということ。

好きな人が集まるグループでなら、こう見えて、マネージャー的存在にもなれます。

「私情」をはさまない、このストイックさ！

情報を集めるのは、そんなに得意じゃないけれど、**「集まった情報を分析する」のは得意。**

何よりの強みは、「私情をはさまない」ってことです。

たとえば（あくまでたとえばだけど）、自分が何かのコンクールの審査員になったら、あらゆる角度から分析して「トータルで、この人でしょう」って妥当な人をひいきなしで選ぶ自信がある。

知り合いが参加していようが、自分好みの人がいようが、審査基準からそれるような考えは絶対にしない。

それこそ、「自分が自分が」ってみんなで主張して意見がまとまらないときには、AB型にお任せください。

私情をはさまない冷静な判断で、結論を出してみせます。

「バランス」を取りながら、成功をつかみます

AB型って、A型でもB型でもないんだけど、確かに自分の中に両方の要素があるな、って感じることはあります。

ちょうど、天秤《てんびん》の片側にA型、反対側にB型が乗っていて、うまくバランスをとってるイメージ。

だから「繊細」だけど「大胆」だし、「ソフト」だけど「熱い」し、「常識人」だけど「ときどき暴走する」。

でも、**ベースはあくまでもAB型**。冷静で、感情的になりにくいのです。

そこもまた、バランス感覚なのかも。

もうひとつ付け加えれば、「安定感」がある一方で、何をしでかすかわからない、「未知数」なところもある（自分でもコントロールできない！）。

そんな**危ういバランス感が、AB型の持ち味だと受け止めてもらえたらありがたい**です。

まだまだ、みなさんの知らない引き出しがたくさんあるので（たぶん。これも自分で把握できていません！）、これからのみなさんとの付き合いの展開を楽しみにしていてください。

きっと飽きさせないと思います。

だから、今後もよろしくお願いします。

でも、〝付かず、離れず〟で。

本書は、本文庫のために書き下ろされたものです。

AB型《エービーがた》　「本当《ほんとう》の自分《じぶん》」がわかる本《ほん》

著者　長田時彦（ながた・ときひこ）
発行者　押鐘冨士雄
発行所　株式会社三笠書房
〒102-0072 東京都千代田区飯田橋3-3-1
電話　03-5226-5734（営業部）03-5226-5731（編集部）
http://www.mikasashobo.co.jp
印刷　誠宏印刷
製本　宮田製本

© Tokihiko Nagata, Printed in Japan ISBN978-4-8379-6473-5 C0111
本書を無断で複写複製することは、
著作権法上での例外を除き、禁じられています。
落丁・乱丁本は当社営業部宛にお送りください。お取替えいたします。
定価・発行日はカバーに表示してあります。

王様文庫

王様文庫

怖いくらい当たる「血液型」の本　長田時彦

A型は几帳面、O型はおおらか——その〝一般常識〟は、かならずしも正確ではありません！　でも、一見そう見えてしまう納得の理由が〝血液型〟にはあるのです。血液型の本当の特徴を知れば、相手との相性から人付き合いの方法までまるわかり！　思わずドキっとする〝人間分析〟の本。

A型「本当の自分」がわかる本　長田時彦

〝ほめられた分だけ、グングン成長〟〝特技「節約」、趣味「節約」〟……ベストセラー『怖いくらい当たる「血液型」の本』の著者が、A型の「頭の中」「行動パターン」から、「成功法則」までを一挙公開！　あなたの意外な一面や、隠れた魅力がわかります！

O型「本当の自分」がわかる本　長田時彦

この本は「怖い」!?　編集担当者は著者に出会って5分後、「O型でしょ?」と見破られました——。〝「現実」路線をひた走る〟〝秘技・ダンマリ戦法を使う〟〝広く浅くのおつき合い〟などなど……特徴がないと思われがちなO型は、こんなにも魅力的だった！「血液型別」シリーズ第2弾！

B型「本当の自分」がわかる本　長田時彦

シリーズ待望の「B型」、ついに刊行！　何かと〝話題〟になるB型人間——でも、その「本当の姿」は意外と知られていない!?　〝実は人情の人〟〝逆境に強い。その理由は?〟などなど。「自分って、そうだったのか！」「あの人は、そうだったのか！」がオンパレードの本！

K400039